DISPERSIÓN

Antología

DISPERSIÓN

Antología

Augusto Orta
David Guerrero
E. Calder
Esteban Yeh Yam
Francisco Serrano
Germán Solórzano
J. Alejandro Hernández
Jass H. Jilley
Jhonnatan Curiel
John Mcliberty
Jorge Yam Yah
Norma Espinosa Zurita
Vanessa Mercado

DISPERSIÓN (Antología)

1ra edición: marzo 2013 (Cartonera Hortera)
2da edición: noviembre 2023

Diseño de portada e interiores:
EC Servicios Editoriales (www.ecalder.com)

CONTENIDO

Preámbulo

Escribir es, para algunos, una manera de expresarse; para otros, una forma de vida. Para los autores aquí reunidos, es ambas cosas.

En 2013, los miembros de Colectio-Colectivo decidieron publicar, de manera independiente, una antología. En ese entonces algunos ya habían publicado, pero para otros sería su primera aventura.

Hoy, 10 años después, la mayoría, si no es que todos, siguen involucrados con las letras. Algunos tienen cuentos o poemas en revistas y antologías, otros han publicado sus propios libros, y otros más han enviado sus textos a concurso.

Varios imparten talleres, se dedican a editar y/o a publicitar los textos de otros. En fin, siguen sintiendo, respirando, viviendo de las letras.

DISPERSIÓN

Antología

JHON MCLIBERTY

Chetumal, Q.R. 1987

Licenciado en Educación, profesor y promotor cultural residente en la ciudad de Cancún, Quintana Roo. Inscrito a REDALCY (Red de Educación Artística en Línea de la Secretaría de Cultura y las Artes del Gobierno de Yucatán). Colabora como altruista con talleres y actividades de fomento a la lectura y es parte del grupo colaborativo de Poesía Colectivo-Colectivo.

Yo también pregunto

En este insomnio oscilan agujeros negros,
enraízan su oquedad en mis entrañas.
La fuerza de gravedad sobre lo escéptico
rompe la barrera del sonido.

Se desvelan lenguajes y enigmas,
viajan a la velocidad de la luz,
se abren portales, rostros, y libros
que por centurias emanan dimensiones.

Yo también pregunto, Nezahualcóyotl,
¿Acaso de veras se vive con raíz en la tierra?

En la inmensidad nocturna se oye
una explosión de entes.

Flotan cadáveres entre los muros
entiendo que la brasa tiene límite,
pero tal vez morir como Sócrates valga la pena.

Abuelo

Te contemplo esta tarde que bosteza.
Sé que al sostener el metal de los años
es irreversible.

Inerte sobre la cama, concibes reminiscencias.
La mirada de impotencia se cierra
hacia un ocaso abandonado.

Después del terremoto, las piedras duermen
como el perfume de tu silencio.

El viento remueve exequias, panteón memorial
tengo una fiebre que me pregunta:
¿Cuál es la filosofía en los surcos de tu rostro?
Maldigo el estado vegetal al sepultarte vivo.

Jornada

Basta con parpadear para que una gota de luz penetre
y reproduzca la cinta de los designios.

La regadera como dosis del tedio
empezar la rutina con sueños cortados
leer los ojos de la urbe en el periódico
lustras zapatos para el sistema.

Esperas el autobús como una mecha que se consume
El chófer desabrido juega a las carreras.
Las personas cuales compartes itinerarios
tienen el mismo retrato, otros a duermevela
o con audífonos despistando el interés
la realidad construye un asedio astroso.

Después de la travesía jornada
tienes un alboroto por los matices del pretérito
pensar en todo, vivir sin existir.
En aquel sillón hecho de ceniza apagas la televisión
y te preguntas:

¿Qué haces para no caminar al borde del precipicio?

FRANCISCO SERRANO

México D.F.

Poeta trotamundos que tuvo a bien pasar un par de años en Cancún, para luego retornar a la vida errante.

Necedad

La cama
te extraña más que yo
las sábanas agonizan
dibujando tu figura
almohada inexperta
que no pudo retenerte
y un colchón
que en sus resortes
se queja

la madera cruje
por la ausencia
se niega
a perder tu olor

al recostarme
de tu partida me culpa
la noche gotea estrellas
que acompañan
su abandono

rechaza suplantarte
con alguna intrusa
grabada quedó
la pasión

Paisaje

aquel árbol
de tanto llorar
ha perdido
hasta la sombra

los frutales recuerdos
no ayudan
en el desierto
                    jardín de la memoria

gotas inexistentes
                    que musgo provocaron
recubren las internas
                    paredes de la soledad

mudos paisajes
antaño deslumbrantes
convergen
en la tiniebla del dolor
por olvido

se sostiene a la vida
por costumbre
delgada raíz
que el alma extravió

DAVID GUERRERO

México D.F. 1982

Poeta radicado en la ciudad de Cancún, Q.R. Su primer libro, “La fe de los diositos”, fue publicado en 2012. Partícipe en los encuentros del Taller Literario “Syan Caan”, en Bacalar Q.R.; y del proyecto LEA (Laboratorio de Escritura de las Américas). Forma parte del grupo colaborativo de Poesía Colectivo-Colectivo.

Una cómoda muerte

Pobres animalitos inocentes
los más grandes reptiles de la tierra
extinguieron su cuerpo, pero el humano
extrajo su voracidad
la aguja del diablo extrae del subsuelo
todo material energético,
pobres animalitos
aplastados por la espesura del humo
en la ininteligencia de la comprensión
farmacéuticos, plásticos,
el humo que devoro,
pobres animalitos de campo
miles de cosas compro yo
son charcas de muerte
una cómoda muerte.

Un globo en el aire

El poeta es una vela de llama enrarecida
su trémulo pensamiento mese congojas de pueblos
ya muertos
acarrea el pesar del mundo
y aun así tiene la soltura de un ave
vuela por los mundos del ensueño con su chirriar de palabras
acomodadas
es el espejo de la sombra y cuelga de su nombre a tinta de
cada noche.

En la mañana le nace una avispa en la flora de una letra
y un raro viento forma de su lengua una comunión maestra
así solo pase cinco minutos sentado en el baño
sabe desdibujar un dios en el camuflaje de su semejanza.

No le falta ser torpe para que caigan al día motivos de los
dones que nadie ha pedido
ni juzgar el pago tributario de un gobierno como requisito.

A manera de suspiro bastara decir que el candelabro cual su
base es el dolor
respira injusticia
y aun así obtiene sus guirnaldas en la vacuidad de un nombre
que pisotea tanto soles, campos, y lunares igual que hiedras
envueltas en mentira
formando así una circular lectura de su pensamiento
un anecdotario a posteriori cimentado en globos de palabras.

Cada giro del pensar absorbe cual agujero negro
formando campos poéticos en una eterna construcción
hacia el poema perfecto

Vuelve pronto Marilyn

Hay una abrasión carnal necesaria:
son unas uterinas ganas de convaginarte
y es que esta pared formulada en tu ausencia
comienza a acerrar mis genitales
recurrir a efectos piro plásticos es una manía
pero la actualidad grabada en efecto de video
permea una satisfacción
un afiche imaginable
y en el abandono terminal de esta glándula sudorípara
la cúspide del cansancio
no hace más que recordarte
con todo labio mi lengua nombra un te amo
que no es para nada una hipocresía
si no un intento de conectarme a tus caderas
esas curvilíneas que a mis yemas formulan
el sedante necesario para amarte
y todo en la levedad del sofá de la casa.
P.D Vuelve pronto Marilyn, mis muebles te llaman...

AUGUSTO ORTA

Córdoba, Argentina. 1982

En 2006 publica "Jóvenes Mix". Es Director del "Laboratorio de Escritura de las Américas" (L.E.A), el cual ha sido dictado en distintos puntos del continente. También es director del sello editorial PORNOS. En septiembre del 2010 publicó su segunda obra: "Reunión".

1

A que se dedica
combato el capital
—Y si vivís en la capital

Diariamente es a diario

Hacerlo cuesta un montón
Ustedes sabrán coincidir, convivir.

2

Déjenlo *tranqui* que haga lo que pueda
antes de un día de sol unos cuantos de lluvia
tormenta que refresque las ideas
[ni alcanza con un duchazo]
entretanto cocínate algo.

Que tenemos que comer, que tenemos hambre
Que los discursos televisivos a mí no me alimentan
La querés ir de....
y no te dan ni la hora
esos muchachos con los que te juntas
no te van a llevar a ningún lado

Cómo, ¿todo este mundo es mío?

3

Entonces el sol cuando se quema la basura de los pueblos
que liga que tienen, que suerte en la que anden
en cambio nosotros somos un costal de huesos
pierdo aceite, no lo derramo
no atino, no atino.

Ahora sí. Está muchísimo más fregado que yo
mal de muchos consuela al tontito
cometeré el acto más sublime que me he visto hacer
Insultarme
todas las diferencias entre sueños y realidades.

J. ALEJANDRO HERNÁNDEZ

Huamantla, Tlaxcala. 1988

Formó parte del Comité Estudiantil de Difusión Cultural y del Colectivo ... (tres puntos) en el IPN. Ha participado en cursos y talleres artísticos en la Ciudad de México y en Cancún, donde actualmente reside, desarrollándose como promotor cultural y miembro activo del grupo colaborativo Colectivo-Colectivo.

Fuerzas y Cambios

Fuerzas
Sobrla dinámica permanente
la rebeldía alude a la sensibilidad
deseo
carencia
curiosidad en combustión del tiempo.

Cambios
Estructura deformada en la apatencia
Saciedad
Identidad como solución
Conocimiento nuevo proyecta la hecatombe
Deformación en la colisión perpetua.

Shhhh

—

Suicida que resbala por el aire
agitado
sin esperanza de seguir respirando
como cuando dios existió
y la tierra giraba alrededor del sol.
Camina hacia su muerte en una guía mecánica
que sobre engranes asesina amores.

Para de recordarnos el finito
con ese ruido continuo,
porque antes de comenzar algo
marcas negativos hacia atrás.
no vale nada   pasado
presente
                        futuro   cabos concretándose.

Reloj ingrato, prefiero el silencio de los calendarios.

Tarde marcial

Dejar que los niños se acerquen a mí,
que su inocencia impregne mi alma,
que su dulce sudor me limpie el cuerpo.
Guardar mi carne podrida
en sus transparentes Tupperwere,
mi polvo pestilente
bajo la tersa alfombra de jugar.

Quiero ir al cielo.

Dejarme ir en sus intestinos angelicales,
de contrabando
nadie se dara cuenta, dios duerme a las ocho.

NORMA ESPINOSA ZURITA

Uruapan, Michoacán. 1973

Escritora y cantante radicada en Cancún desde 1975, con estudios de literatura y música en el Centro Estatal de Bellas Artes de Yucatán. Forma parte del Taller de creatividad poética del ICAMBJ y del grupo colaborativo de poesía Colectivo-Colectivo.

Campanadas

Y suenan a media noche.
Cuando los cuerpos se guardan
bajo el pecado del día.

Son campanadas de silencio,
que retumban en el alma.
Por eso no se escuchan.

Y suenan a media noche,
como toque de queda
anunciando lo que no se puede ver,
pero todos sienten.

Y suenan a media noche.
Estamos listos
ya no hay vuelta atrás.

Aguas efímeras.

Camino hacia el final de las aguas efímeras,
ellas cobijan mi osadía.

Piso el puente
sin protección alguna.

Las barricadas hacen efusión
sobre mis años perdidos.

Sigo sin perder el ritmo
hacia un claroscuro.

No sé si detener mi ingenuidad
o lanzarme hacia la espuma,
para cubrir mi arrepentimiento

Vida decadente

Llegan olas enardecidas
dejando cuerpos nuevos
en la orilla de la playa.

No importa de donde vengan,
les regalo y vendo caricias.
Soy un cuerpo prestado,
listo a mi propia lujuria.

Mujer, hombre, da igual,
reparto orgasmos decadentes.
Mi piel ya no es mía,
sino de quien la posee.

JASS H. JILLEY

Cambridge, Inglaterra. 1986

Trotamundos vegetariano, que vive de escribir.

No volver a dormir

Traducido por Jhonnatan Curiel

Tiene el sabor de sin sentido y caos, de locura y de sueños- como las vidas de todos los hombres que dejan de engañarse a sí mismos.
Hermann Hesse, Prólogo a Damián

Regularmente, él se sentaba en su hombro mientras nosotros estábamos en clase, y me miraba mientras hablaba. Su graznido provocaba en mi piel escalofríos del tamaño de huevos de pájaro azul. Cada vez que lloraba, me ponía a brincar en mi silla, como si hubiera sido mordido por hormigas. Y él siempre se reunía justo antes del amanecer *—es el tiempo cuando podías volverte loco o cuando las ideas te encontraron y cambiaron tu vida por completo- me decía. Te pones de pie y caminas a Algeria. Escribes un libro, por fin. O en mi caso, desarrollas un proyecto de marketing o también puedes tener una clase preparada contigo—* antes de que el mundo despierte.

Y yo, despierto toda la noche escribiendo, tomando yerba mate, recostándome sobre el balcón y canturreando historias a cualquiera que camine por aquí- los asombrosos borrachos; los viejos murmurando su arrepentimiento, la gente del norte de África cantando el blues del desierto, y los andaluces esparciendo un camino hecho de huesos de oliva tras de ellos. Pinturas movedizas en la noche.

Cuando era tiempo de dar la clase, nadaba por la orilla la distancia que fuera necesaria para encontrar a la deportista Miriam Blasco, y luego, tropezando hasta llegar a la puerta, con mis doloridos brazos y mis piernas dejándose llevar hacia el sol que apenas nacía.

Yo siempre insistía en llevar mi olla de té, quebrando al día con algo fuerte, otros sueños se apaciguarían por dentro. Pero no bebía de la olla. Solo necesitaba la idea que estaba ahí. Hay algunos que pueden estar días sin dormir, pero después de una noche, ya estoy cayendo en los burros que trotan a mi lado cuando giro alrededor de la ciudad.

Un año, recogí hojas de otoño y las pegué todas en mi pared. Pero el otoño no existe ahí. Hay muy pocos árboles. Excepto las palmeras, tan gigantes y provenientes de tierras que nunca imaginé conocer.

"Iré a comprar boletos para la mayor corrida de toros que ha ocurrido" él anuncia apenas yo entro por la puerta. Ya en ese momento estaba sudando, había grandes manchas negras bajo los brazos de su camisa azul de oficinista, y el sol apenas ascendía en el cielo. "Será en Valencia a final de mes". Es raro ahora que siga habiendo eventos de este tipo – dos toreros van a hacer faenas a tres toros cada uno y los boletos se venden a cambio de las casas, es todo un espectáculo.

"Quieres una cerveza, Jass?"

Si bebo ahora, se sentirán espesas mis venas en cualquier momento. Sacudo la cabeza, él bebe café en un grueso y negro tarro.

"La tauromaquia está casi ligada al modo en que el torero se presenta. Como en todo, hay estilo y hay pretensión. Casi nadie lo consigue, -se imitan, se replican, se esfuerzan por ser lo que no son. Pocos realmente se conocen a sí mismos lo suficiente como para percatarse del punto en que están listos para crecer en su interior. Nosotros rara vez vamos al fondo. Todos nosotros nos quedamos con lo que sabemos. Algunas personas quieren no estar de acuerdo con la voz que van hasta el fondo, por dentro suyo, como si estuvieran alcanzando un punto de la humanidad que tiene miles de años de antigüedad, y que, casi siempre, el último de nosotros ha perdido. Particularmente aquí en el oeste. Esto es por lo que es fascinante para nosotros."

"Es el miedo. Y algo más...es algo que no puede definirse, no puede hablarse de ello fácilmente, ni tampoco escribirse. No se limita a las corridas de toros solamente- va hacia sentimientos muy antiguos, antiguas luchas. Pero estamos hechos de capas por tantos condicionamientos, con una separación entre cuál es el punto más alto al que podríamos llegar y el otro que representa el salario más alto que podemos conseguir. O miles de otras trampas, prisiones y masacres a las que nos sacrificamos cada día de nuestras vidas. La corrida de toros es una de las únicas cosas que hemos dejado para que nos recuerde la parte animal dentro de nosotros- es el motivo por el que las hemos mantenido hasta ahora, incluso algunos grupos pro defensa de animales comenzaron a relajar sus argumentos en las protestas y las quejas. Sería para llevarnos a nosotros, ¿no puedes verlo?"

Pausa. Él se vierte otro trago de expresso.

"Yo iría hasta el final de mis días. Sabes, creo que tenemos varias vidas – trabajo, familia, amigos, naturaleza, amor. Y esta es otra. Sería como si me mataran, que prohibieran este deporte, mejor deberían prohibir los mataderos donde los toros irían a parar sino estuvieran aquí, donde sus condiciones son mucho peores. Y me los como, ¡me encantan!" No puedo evitar reírme por su traducción de "me encanta".

Por años, escuché historias cada vez que venía al sur. Una vez, justo en el norte de España afuera de un pueblo polvoriento, un delfín pasó volando por el aire - un globo como si hubiera sacado de tus pulmones parte de ti que rara vez sentías.

'Et as tu aimé?'[1]

'Non, pas du tout'[2] fue la respuesta, un disparo de palabras. Él había caminado mucho ese día. Siempre caminando. Un día

1 ¿Y te gusta?

2 No, en absoluto.

escribiré cartas de perdón por todos los momentos cuando caminaba con alguien diferente por muchísimo tiempo y era tan rígido, sin canciones y sin sonrisas. Siempre bien determinado, tan terco. Pero entonces, bebimos la sangría más deliciosa de mi vida y quizá esos días crearon algo triunfante.

"Pero me sentí hipnotizado"- dijiste- "No podía moverme de mi asiento. Era otra parte de mí, muy adentro, desde lo más profundo de mis órganos, y ellos esperaban ahí, dependiendo del bien y dispuestos a triunfar sobre el mal como en un cuento de hadas."

Yo lo corrijo mientras sirve las tazas de té humeante. "No, no, no es bueno, más como así". La altura desde donde servía la taza de té era demasiado. Empujé sus manos que sostenían la olla hacia arriba, "el té es el respeto hacia la otra persona, ¿sabes?"

"Jass, hoy tengo una importante reunión con clientes y estoy un poco preocupado".

El buitre en su hombro tira un picotazo al aire, atrapando un mosquito; la dieta de este ha cambiado significativamente desde que atrapó algunos mosquitos hace meses. Él nunca me dijo en verdad por qué lo tenía, y yo nunca le dije cómo sus ojos cavaban agujeros en mi espalda cuando me sentaba frente a él. Los sentía puestos justo en mí, escarbando por dentro. No te duermas ahora, o de lo contrario será tu fin. Me recordaba a mí mismo, que probablemente me miraba sin vida cuando estaba dormido, por más cortos que fueran estos días.

"Como sabes, vendo una droga que es un estimulante sexual, el Viagra alternativo, aquí. He invitado a todos los doctores para que vengan con sus esposas o amantes y han pagado por cuartos de hotel para el curso del día. Luego, todos nos reuniremos para cenar. Estoy esperando resultados importantes, debes saber que esto nunca se ha hecho en la historia de las ventas farmacéuticas, al menos que yo sepa." Se seca la frente. El calor comienza a sentirse.

"Estoy esperando el trabajo más grande de mi carrera.

¡Erecciones que bien podrían atravesar paredes!", declaró Luis riendo, tallando sus cejas con un pedazo de papel. "Pero tengo dudas... acaso personas lo encontrarían emocionante, ¿quizá?"

Lo miré fijamente en sus grandes ojos con sus pequeñas pupilas como una morsa. Pienso en todos los momentos en los que estoy escribiendo cuando he llegado al punto donde podría incluso escribir otra palabra- tales eran mis intoxicaciones- el punto culmine de las historias. Calificaciones a medias de las historias acomodadas en el interior de las páginas de mi libro de notas, como cortar una sola ala a las libélulas.

"!Pero eso no es!", él responde. "Los esbirros de la compañía del Viagra andan tras de mí. Tratan de persuadirme para que me una a su equipo. Después de todos estos años de construir esta droga hasta donde ahora se encuentra! Me están ofreciendo el doble de dinero".

Y todas las capas, envolviéndonos y alejándonos del instinto, de la verdad. No soy mejor, pienso para mis adentros, solo envuelto en miles de capas diferentes a las de él.

La mucama entra al cuarto, sonriéndonos. "Buenas", decimos ambos al unísono. Aún tengo el incómodo presentimiento que ellos son más como sirvientes que trabajadores. Muy común por acá en España- toda la gente los tiene como si fueran incapaces de limpiar por su cuenta. Una noción de realeza para mí. El arte de quitar el polvo. Como si nada, las casas en la ciudad están limpias. Sin dinero, sin Dios, sin razón.

"Ella es de Ecuador", explica Luis. "A mi esposa no le gustan los empleados españoles porque siente que son demasiado presuntuosos. Mi esposa echó una mirada sobre ella y estuvo de acuerdo porque sintió que era lo suficientemente fea para hacer el trabajo bien". Me retorcí al escucharlo. "Pero para mí", él continuo, "siento que ella no está tan mal, ¿ehzz?"

Más tarde, la playa está casi desierta. A pesar de todo, mucho de esto es absurdo, esta vida, de meses sin ningún encuentro importante, sin poder terminar una historia bajo las noches de insomnio. Impaciente por la búsqueda de profundidades. Detengo mi bicicleta en la arena y me recuesto. Volviendo a los antiguos orígenes. No trates de hacer sentido de todo esto, me digo a mí mismo, sonriendo mientras el sol del Mediterráneo apenas comienza a salir.

JORGE YAM YAH

Bacalar, Quintana Roo. 1980

Residente en Cancún, Quintana Roo. Miembro del Taller Literario Syan Caan. Obtuvo el segundo lugar en los Primeros Juegos Florales Peninsulares convocados por el Gobierno de Yucatán. Participo en la Tercera Semana Estatal de la Juventud, en el evento denominado: "composición a Bacalar", ocupando el primer lugar.

Sexo

-

respiro en besos amargos
el sabor de tu presencia

él
transmite su silencio
en cada gemido

tú
provocas
que mis poros despierten a galope

nosotros
acariciamos el estar solos
sin prisas

ustedes
perplejos disimulan
al pecar

ellos
conquistan a las noches
en un tedioso romance

ellos
desnudos brindan
con sus cuerpos

ustedes
se excitan
al rose de sus palabras

nosotros
brindamos por que el
tiempo siga durmiendo

tú
invocas a mis manos
y los guías en tu laberinto

él
finge amor
a gritos en la cama

yo
solo espero
que se cumpla

Mi mundo

Mi ausencia
brindará con los segundos
que le quedan
a este reloj
minuto a minuto
nos embriagaremos
hasta perdernos
y en cada
tic tac
se borraran fragmentos
de este rompecabezas.

El tiempo
se ha demorado
busca mi nombre entre
epitafios.
en este inframundo
de la vida.

Ya ebrio
no quiero despertar
solo fingir que existo.

Huracán

Los ojos del cielo
besaron nuestro instante,
nos acarició segundo a segundo
con cada gota que se clavaban en mi rostro.
Dos días en donde las velas
sangran nuestros miedos,
luces ausentes dejándose
llevar por el aire que acariciaba nuestras casas,
diferentes estampas
adornaban las horas,
arboles mutilados
sobreviven en las calles
enraizando sus manos a la tierra,
amanecer
con el silencio de los pájaros,
plumas desfiguradas
al encuentro de su cuerpo,
aves de rapiña
galopan por sobrevivir
sobre los pantanos de vergüenza,
frente a mi ventana
respiro temores soñolientos,
empaco los latidos de mis poros
y permanezco dormido
sin cerrar los ojos
de mi cielo.

JHONNATAN CURIEL

Tijuana, Baja California, 1986

Poeta, gestor cultural y comunicólogo. Ha publicado los poemarios Estival (2006), Crónica de unos zapatos (2008), Kayrós (2011), Flores Cerebrales (2012) y Poemas Peligrosos (2012). Ganó el Premio Interamericano de Poesía Navachiste 2011 de Jóvenes Creadores. Forma parte del Colectivo Intransigente (C.I.) de Tijuana y mantiene el blog www.jhonnatancuriel.blogspot.com.

Amar es terremoto

Amar es terremoto, mi pasión punzante, con un cuerpo que era la entrada al espíritu. La pérdida de toda luz por estar en plena danza. El numérico sexualismo de las respiraciones. El apretarse de nalgas y pezones por la fuerza de los dedos húmedos. Todo en un baile horizontal, la cama en el techo de la pirámide. El magnetismo para atraerse y liberarse en la fricción de la gota sobre la gota sexual. La sensación cabalgando en el amor-amar, y todo el ambiente en la contracción de los corales transparentes. Las raíces y las nubes amando en el amar eléctrico de nuestras pieles- portales, y todo ritmo llevaba hacia el Amar como quien necesita agua tranquila sobre la playa corporal. Amar como pisadas en la selva y sonidos de insectos infinitos. Amar como subir una cuesta o cruzar el río boca abajo. Amar con los ojos fijos en las estrellas de la piel y los lunares dispuestos para la canción táctil. Amar con una total desesperanza de aquello que ha crecido como un árbol, y al paso del tiempo se seca. Amar en los acantilados para los dedos llenos de sangre y las tormentas lamedoras de piedras. Amar con la total agonía del nacimiento y esta oleada de flores y pétalos que abren heridas. Amar en el crepúsculo sexual con la mitad del éxtasis en el agua y la otra mitad en el cielo. Amar danzando vibrando muriendo hasta la calma como la rama que deja caer su última hoja. Amar desaparecidos, transparentes, etéreos en esta melodía de organismos fantasmales. Amar en la totalidad de los espectros que somos. Amar en el abismo asimilado a la esencia. Amar en la posibilidad naciente de la luz. Amar con una total incertidumbre. Amar hasta permanecer en la absoluta entrega sin cuerpo, sin lógica, sin aspiración, sin final

La música es nuestro afrodisíaco

La música es nuestro afrodisíaco, me dijiste tú, seductora de ritmos, caliente musical, llena de notas en los labios para tocar con mis labios, mis dedos-labios, mis piernas-labios, mi cuerpo-labios para tu espalda-labios, tus piernas-labios, tus pechos-labios, tu cuello-labios, tu sexo- labios-labios y más labios, labios-sexo, lenguas-sexo, como una húmeda mano tocando una guitarra, lamiendo una guitarra, chupando una guitarra; dedos-risa, ritmo-risa de placer, risa de beber, aliento, tu aliento melódico y constante, como si tocáramos un saxofón invisible los dos, en un solo los dos, los dos, los doos, los dooos, los dooos, los doooooooooos, dos, dos dos, dos, dos, tres, cinco, siete, 37, 500, 1000, 3000, 13 000,30 000, 300 000, 900 000, tres millones, 13 millones, 30 millones, ¡300 000 mil millones! ¡Ah!, ¡Ah!, ¡Ah!, ¡Ah!, ¡Ah!, ¡Ah!, ¡Ah!, dos, dos, dos, dos, dos, dos, dos, dos, uno, uno, uno, uno, uno , ¡Ah!, ¡Ah!, ¡Ah!, ¡Ah!, ¡Ah!, ¡Ah!: la música es nuestro afrodisíaco y las canciones corporales nos tiemblan en la piel, resuenan en las células, pronunciada coralidad de nuestras raíces sexuales, canto, canto, canto, canto, el canto de los poros, el canto de la sangre, el canto de los nervios, el canto del espíritu que se libera y se contrae, se libera y se contrae, se libera y se contrae, en un orgasmo delicioso, caudaloso, silencioso.

No soy mujer

Y al repetirlo crece el cabello de mis sensaciones
Y llega la noche a mis categorías y mis maneras de nombrar
Espectros remarcan esa grieta que divide los sexos
Son los espectros del conflicto
Se habla del hombre y la mujer pero poco de la Humanidad
La síntesis del planeta
La dinámica de dos sustancias en la sola esencia de existir
Sin biología de división
Sin filtros morales de contraste
Aunque el agua que somos abra cauces de violencia
Fluimos con el vertiginoso impulso de amar
Los mismos sexos anhelan su reflejado deseo
Somos seres deseantes en la pasión de cuerpo que somos
¿Qué sexo tienen las moléculas y partículas que entrelazan mi piel?
Ninguno
Como el átomo que aparece y desaparece en el espacio
Así la Humanidad.
No soy mujer
Y al repetirlo crece el cabello de mis sensaciones
Y llega la noche a mis categorías y mis maneras de nombrar
Espectros remarcan esa grieta que divide los sexos
Son los espectros del conflicto
Se habla del hombre y la mujer pero poco de la Humanidad
La síntesis del planeta
La dinámica de dos sustancias en la sola esencia de existir
Sin biología de división
Sin filtros morales de contraste

Aunque el agua que somos abra cauces de violencia
Fluimos con el vertiginoso impulso de amar
Los mismos sexos anhelan su reflejado deseo
Somos seres deseantes en la pasión de cuerpo que somos
¿Qué sexo tienen las moléculas y partículas que entrelazan mi piel?
Ninguno
Como el átomo que aparece y desaparece en el espacio
Así la Humanidad.

ESTEBAN YEH YAM

Chanca Veracruz, Felipe Carrillo Puerto, Quintana Roo. 1984

Licenciado en Educación, profesor de español a nivel secundaria en el municipio Othon P. Blanco, Q.R. Escritor parte del grupo colaborativo Colectivo-Colectivo.

Albahaca

La voz del difunto se envuelve en tu raíz,
Su palabra nunca ha dormido. Cada año nos visita.
Huyen de tu fresca fragancia, secretos inauditos.

Desprendida de tu vida sin emitir queja,
te alojas en un remanso de vida fugaz.
Dejas de invocar al difunto. Está aquí.

¡Oh, Dios de lo invisible y lo visible, del hombre y la mujer!

¿Qué palabras romperán su cautiverio bajo mi lengua
el día que de mí parta la fragancia y la raíz?
¿En qué tierra de lo invisible buscaré mi albahaca para crecer
en su flor?

Ruda

—

A mi regreso no caminé solo.
Una voz me acompañó... no vine solo.
En mis oídos en mis ojos en mi espalda la pena
tuvo compañía.

Pero no vine solo, nunca caminé solo.
Tenía una rama fresca de tu olor.
En mí vibraba la fuerza de tu rezo.

¡Oh, Dios bendito que en tu silencio desmoronas el segundo
de mi vida!

¿Qué tiempo buscarás para edificarme?
Aun sabiendo que nunca estaré solo
¿Tendré una rama fresca de tu olor y la fuerza de tu rezo?

Limonaria

El espejo es la bombilla de flor blanca.
Creció de luz divina y aire oscuro; de nuestro rostro.
Tu aroma me condujo a casa; luz de noche tu fragancia.

Hoy eres la puerta por donde mi alma pasa.
Y a mi paso queda una onda clara y fresca, esencia calando al mantel.
Blanco mantel: espejo; flor que en la distancia brilla.

¡Oh Dios, dador de grandeza, de tiempo y de vida!
¿Miraré tus ojos?

VANESSA MERCADO ÁLVAREZ

Poeta radicada en Cancún desde más de una década. Es miembro del taller de creatividad poética del IMCABJ así como en el taller literario “Abrelatas” en la ciudad de Cancún. Forma parte del grupo literario colaborativo Colectivo-Colectivo

El poeta

Alfarero de estrellas
fusión de zahorí y letras
recorres silenciosos senderos
esculpiendo tinta
pasión

ojos trasmiten voz
sonrisas esconden lenguas
grafemas dibujan tiempo

rabia emboza desasosiego
remolino de combates
sales avante
Alumbrado
fluye tu fuerza
emergen mariposas

Amor sin rostro...

Sangre franquea mis venas
Inunda resquicios de piel
Boca trémula

Lengua de lluvia empapando sexo
Tatúa al fino roce
Garigolas espolvorean miel

Vaivén de muslos
degustan alientos sabores a sal
invaden claroscuros

Hielos ciegos
derriten lagrimas
Caen pesadas sobre mis pies

Mayas

Revisión Maya de Esteban Yeh Yam

Dedos aferrados Yóok'ol Kaab
Vigilantes de la noche y el Mayab.
Sangre que se filtra tiñendo al nikté.
Itsamná llora
Dialectos estridentes.

La Dignidad cuelga del Ya'ax Ché.
Torsos desnudos se apilan.
Las ilusiones agonizan en el k'óoben.
Llantos de Ka'anaan Péeko'ob
Piel de bronce

_Mina'an sáasil áak'ab.
Sangra el ah Saj herida por las bayonetas
La injusticia perenne.

El sóos kil enjuga la muerte
Éets'nak' ok'ol atrapado en la selva.

E. CALDER

México D.F. 1971

Escritor de textos que oscilan entre la ficción, ciencia ficción y fantasía, con ocasionales incursiones en poesía. Actualmente reside en Cancún.

Labios rojos

Rojos, entreabiertos, carnosos. Esos labios detrás de los pétalos morados me llevarán a la locura. Rojos, siempre rojos. Rojos cuan bañados en sangre fresca, por los cuales se asoman unos dientes perfectos que en ocasiones los muerden suavemente, haciendo que mi corazón lata más rápido y se detenga a la vez. El morado vívido de los pétalos sólo logran que resalte más el color de esos labios que serán mi perdición.

Como le gusta a María pasear desnuda frente a mi ventana. Ella no lo sabe, o tal vez si, que hace meses que observo su desnudez a través de las cortinas entreabiertas de la habitación. La casa estuvo vacía por meses, quizás por años, hasta que yo me mudé a ella hace tres meses. Ese primer día, recién llegado, cansado y sediento la vi de reojo a través de la cortina entreabierta y quedé prendado de su cuerpo esbelto, de su piel tan blanca como copos de nieve en plena caída, de sus labios rojos, carnosos.

Hay María, así te he llamado. Hay María, al verte olvidé mi cansancio y mi sed se transformó. Se transformó en una sed más intensa, una sed de ti, una sed que aún no me he atrevido a saciar. Tres meses han pasado desde ese primer atisbo entre las cortinas, cortinas que no he osado correr pues podría advertirte que la casa ya no está vacía.

Esta recámara la he llamado tu recámara, esta ventana es ahora tu ventana. Nadie entra, nadie observa a través, nadie salvo yo. Día tras día cual ritual vengo a tu recamara a observarte. Veo como quitas cada prenda y la dejas caer como si fuese una hoja seca que se desprende de un árbol con una ligera brisa.

También tú tienes tu ritual. Entras a la recámara, esa otra, la del otro lado de la calle, en la cual nunca se cierran las persianas. Entras por la puerta del fondo, la del lado derecho. Entras y dejas caer el saco sobre la cama de sábanas rojas que pasas por la izquierda en tu camino a la cajonera con el espejo montado en ella. Ahí posas suavemente tu bolso, en ocasiones el negro y otras, como hoy, el rojo que parece ser tu favorito.

Un par de pasos más y te despojas de los zapatos de tacón, primero el derecho, pasando el talón por la pantorrilla para soltarlo. Una vez flojo, lo envías al armario que se encuentra frente a la cama con un suave movimiento del pie. Después repites con el pie izquierdo. Rara vez fallas al lanzar los zapatos dentro del armario.

Desabotonas tu blusa, hoy es la roja que me gusta, la desabotonas siempre de arriba hacia abajo mientras giras frente al espejo. Dejas caer la blusa por sobre tus hombros, el rojo de la tela contrastando con el blanco de tu piel. La blusa cae sobre tu mano derecha y, con un ligero movimiento de muñeca, la lanzas sobre la cama. Ahora, con calma, bajas el cierre de tu falda y dejas que se deslice por tus caderas y hasta caer a tus pies. Sacas el pie derecho y con un ligero movimiento de la pierna izquierda haces que la falda vuele a la cama.

Caminas de puntillas hacia la cajonera mientras te quitas los aretes de broche, permitiéndome observar el encaje de tu ropa interior, a veces blanca, a veces negra, hoy roja. Mientras giras y caminas hacia la cama desenganchas el broche frontal del sostén, dejando en libertad esos senos redondos y perfectos que parecen mirarme a través de los pezones color de rosa mientras estiras los brazos hacia atrás para dejar caer los tirantes y sus copas a la cama.

Mueves tus manos por los recién liberados senos y acariciando tu piel las llevas hasta las caderas en donde enganchan los pulgares el encaje que aun cubre tu sexo. A través de piernas rectas y rodillas firmes deslizas el encaje mientras te inclinas al frente con gracia felina.

Nada, ya nada cubre tu cuerpo blanco como la nieve recién caída, el albo de tu piel contrasta con el azabache de tus cabellos y el rojo de tus carnosos labios. Te recuestas en la cama, al revés, con las piernas descansando en la cabecera. Ya no te veo, las plantas que enmarcan tu ventana solo me permiten ver, entre los vividos pétalos morados, tus labios, esos labios rojos, entreabiertos, carnosos que serán mi perdición.

GERMAN SOLÓRZANO HIDALGO

Tuxtla Gutiérrez, Chiapas. 1976

Miembro del Taller Literario "Syan Caan" de Bacalar. Licenciado en Educación Primaria. Profesor en la ciudad de Cancún. Ha participado en diversos encuentros de Escritores y talleres en la Casa Internacional del Escritor de Bacalar. Sus poemas han sido publicados en la Antología Poética "En la puerta del Cielo", en la revista del taller literario "Resumen de Olas" por ejemplo.

Dama de letras largas

Mujer erótica
llena de insensibilidad

Inconsciencia versátil
que rompes en palabras de tinta ilegible
la pasión incendiada del lápiz

Deja acariciar tus líneas candentes
tu silueta de formas imperfectas
que se clavan en ojos moribundos

Mujer lujuriosa
prohibida
amada por todos los que sollozan de noche
incautos por tu espesura

Voz penetrante en tálamo de incertidumbre
tus letras asesinan cuando uno duerme
lentamente
hasta arrancar del pecho desnudo
el alma misma

Mujer de insaciable intuición
poetas llevan impregnada en su ceño tu nombre
en sus manos hace nido tu gaviota perdida
te esbozan con delirio
con delicado trazo de la pluma

Deja que la pasión te haga con sus manos
déjate amar en palabras que guarde el viento

Dama sutil poesía.

El poeta muere en la poesía

Se necesita morir en la poesía
derramar la tinta del cuerpo
en la pureza del papel

Se necesita ahogar la punta del lápiz
en lágrimas de letras
para escribir versos cálidos
y el corazón estalle en palabras
del poeta extinto

Pero no muere el poeta
se transcribe así mismo en el invierno de la hoja
se clava el pecho con una espina
                                        derramando su propia tinta
roja como el atardecer que muere

Poesía derramada.

EC
SE

Segunda edición
(10mo aniversario)

Antología Dispersión

se terminó de editar en diciembre de 2023
a través de EC Servicos Editoriales,
en Cancún, Quintana Roo, México.
www.ecalder.com/SA/

www.ingramcontent.com/pod-product-compliance
Lightning Source LLC
LaVergne TN
LVHW040954150826
845672LV00002B/697

* 9 7 9 8 2 2 7 3 5 3 2 1 4 *